DE L'OPINION

DE

M. GRÉGOIRE,

ANCIEN ÉVÊQUE DE BLOIS ET SÉNATEUR,

Dans le Procès de Louis XVI.

AVERTISSEMENT.

M. GRÉGOIRE, ancien évêque de Blois et Sénateur, fut dénoncé en 1793, au club des Jacobins, pour n'avoir pas voté la mort de Louis XVI, ce qui n'empêcha pas des libellistes d'imprimer qu'il l'avait voté. Ils savaient le contraire ; mais cette accusation leur parut un moyen propre à noircir l'ecclésiastique, qui, en prêtant le serment décrété par l'Assemblée Constituante, avait le premier montré l'exemple de la soumission aux lois.

M. Grégoire ayant toujours méprisé cette imposture, divers prélats invitèrent, en 1801, leur collègue, M. Moïse, évêque de Saint-

1

(1811)

Claude, à recueillir les faits ; il remplit cette tâche, et son rapport justificatif de M. Grégoire, fut par leur ordre, inséré dans les *Annales de la Religion*, in-8°. Paris, 1801, Tome XIV, page 35 et suiv.

Dix-sept ans se sont écoulés depuis la mort de Louis XVI ; on a ressuscité une fable détruite qui, circulant de nouveau, pourrait induire en erreur les personnes qui cherchent sincèrement la vérité. L'Evêque Sénateur, retranché dans une conscience pure, n'oppose à la détraction qu'un dédain très-mérité, mais qui afflige ses amis et qui les porte à réimprimer textuellement le rapport de l'évêque de Saint-Claude. Espèrent-ils par-là réduire la calomnie au silence ? Non : la dévoiler, c'est l'irriter davantage ; avoir raison contre elle, c'est à ses yeux un crime de plus. La répétition du mensonge tient lieu de preuves ; les inventeurs de celui-ci sont trop féconds en ressources pour ne pas lui en substituer ou ajouter d'autres ; mais il est encore des êtres remplis de droiture qu'il faut prémunir contre l'erreur, ou les détromper si déjà ils en sont imbus ; c'est à ceux-là que cet écrit s'adresse.

Quel est donc parmi nous le sort de l'homme de bien ? Celui dont il s'agit, défenseur intrépide des sciences, des lettres, de ceux qui les cultivent ; défenseur surtout des malheureux, quels que soient leur culte, leur couleur, leur origine, a sacrifié son tems, son repos, sa santé pour eux, pour sa patrie, pour sa religion : au milieu des scandales de l'apostasie, des menaces et des vociférations, il eut le courage, dans la Convention Nationale, de proclamer son attachement invariable au catholicisme et à l'épiscopat; plusieurs fois il nous a dit qu'il croyait en ce moment-là, prononcer son arrêt de mort. Dans la même assemblée, il fut souvent abreuvé d'outrages, bafoué, insulté, surtout pour avoir reclamé la liberté du culte; par d'incroyables travaux, de concert avec ses collègues évêques, il parvint à le réorganiser dans presque toute la France, avant que l'autorité civile protégeât la religion d'une manière solennelle, et qu'elle reçût du chef auguste de la nation une existence légale. L'évêque de Blois, harcelé sans relâche par ceux qui repoussaient toute religion, et par ceux qui avaient refusé le serment, fut en butte à tous les genres de vexations. Pour le rendre odieux, on lui supposait des écrits, on interpolait ses ouvrages; alors comme aujourd'hui, de vils folliculaires le déchiraient par des diatribes anonimes, c'est-à-dire, lâches. Toutes les fois qu'il a pu connaître ses ennemis, il a tâché de se venger d'eux..... par des bienfaits.

Tourmenter les autres est pour certaines gens un plaisir qu'ils savourent avec délices, mais le malheur de ceux qui sont victimes n'est pas sans quelques compensations. N'est-ce rien que d'avoir un moyen infaillible de connaître ses vrais amis? car dans la disgrace, tous les lâches s'enfuient lestement ou s'éloignent insensiblement en couvrant leur défection de prétextes à travers lesquels on voit percer la bassesse et la mauvaise foi. Par-là s'opère le triage entr'eux et le petit nombre d'hommes à caractère qui, aimant la vertu pour elle-même, ne mesurent pas leurs affections sur les faveurs de la fortune, ne subordonnent pas leurs démarches à l'opinion du moment si souvent fausse et si facile à égarer. M. l'Evêque et Sénateur Grégoire, voué à la retraite, autant que le lui permettent ses fonctions, conservant sa noble fierté, et toujours invariable dans sa conduite, se console au sein de la religion et de l'amitié des persécutions passées, présentes et *futures*.

De l'Opinion de M. GRÉGOIRE, Membre de la Convention Nationale, dans le Procès de Louis XVI.

(Annales de la Religion, Tome XIV, page 35 et suiv.).

~~~~~~~~~~

« Il y a peu de calomnies aussi répandues en France et dans les pays étrangers, que celle qui accuse M. Grégoire d'avoir voté pour la mort de Louis XVI. Jusqu'ici ce respectable évêque a, malgré les représentations de ses amis, méprisé la haine qui avait défiguré et changé même de nature son opinion. Plusieurs de ses collègues pénétrés de respect pour ce prélat vertueux, et d'amitié pour cet homme sensible et humain, et ne pouvant se dissimuler que le nom de Grégoire appartient encore plus aux fastes de la religion qu'à l'histoire de la politique et des sciences, ont cru devoir relever l'erreur monstrueuse dont la méchanceté, compagne inséparable de l'esprit de parti, ne manquerait pas de chercher à infecter la postérité, et ils ont invité le savant évêque de Saint-Claude à rechercher dans les monumens les plus authentiques, les preuves qui pouvaient établir la vérité entière
~~~~~~~~~~

sur cet objet. Voici l'ordre dans lequel M. Moïse les a présentés à l'assemblée de ces évêques.

N°. I.

Extrait du Journal de Paris, N°. 321 , p. 185, *vendredi* , 16 *novembre* 1792. *Convention nationale*, *jeudi* 15 *novembre* 1792.

« Deux orateurs seulement ont été entendus et la discussion a fait peu de progrès. Le premier a demandé que la Convention laissât à la volonté du peuple le jugement de Louis XVI.... Grégoire veut, comme Fauchet, que Louis XVI soit condamné à vivre , mais il croit un jugement nécessaire.

» Comme Fauchet, l'orateur veut donc que Louis XVI soit condamné, mais qu'il soit condamné à *vivre*, et voilà le seul vote énoncé à la Convention de la part de Grégoire, soit de vive voix, soit par écrit, avant le jugement rendu contre Louis XVI.

» Nous n'exposerons pas l'avis de Fauchet qu'on sait avoir payé de sa tête sa vigoureuse opinion contre la mort du roi. On la trouve au *Journal de Paris*, n°. 319, pag. 178, séance du 15 novembre 1792 ».

(7)

N°. II.

Extrait du Moniteur , N°. 322, séance du 15 novembre 1792 , page 1577.

GRÉGOIRE..... et *moi aussi , je réprouve la peine de mort , et je l'espère , ce reste de barbarie disparaîtra de nos lois. Il suffira à la société que le coupable ne puisse plus nuire. Vous le condamnerez sans doute à l'existence..... Je conclus que LOUIS soit mis en jugement.*

« Grégoire réprouve la peine de mort en elle-même absolument , et sans exception : il désire que ce reste de barbarie disparaisse de nos lois , et l'on veut qu'il ait voté la mort de Louis XVI ! Il opine que Louis soit condamné à l'existence, et l'on soutient qu'il l'a jugé à mort ! il conclut que Louis soit mis en jugement pour être condamné à vivre, et l'on veut qu'il l'ait condamné à mourir !

» Mais que pouvait-il, que devait-il donc faire pour lui sauver la vie ? Entreprendre de repousser ou d'atténuer les faits qu'on opposait au roi constitutionnel, c'était aigrir ses juges et accélérer son supplice : demander l'appel au peuple, c'était appeler la guerre civile ; alléguer l'incompétence de la Convention pour prononcer juridiquement, ou le silence de la constitution sur la peine à décerner, si toutefois il en restait une à infliger, c'était irriter le parti féroce des Marat, que n'osaient pas contredire ces hommes faibles et nombreux qui, tout en répugnant de prononcer l'arrêt fatal, n'avaient pas le courage de s'y opposer; c'était le moyen le plus infaillible pour faire rendre un jugement sanguinaire : opiner pour la mort, mais seulement en cas d'invasion par les puissances étrangères, ou bien sous quelques autres conditions éventuelles, ou enfin à charge d'un sursis, c'était émettre une opinion qui, dans les circonstances, ne pouvait être accueillie; et qui, eût-elle été admise, aurait placé Louis XVI dans la longue et cruelle perspective de la mort sans lui épargner le coup.

» Grégoire, plus adroit et plus conséquent, n'a garde d'adopter ces moyens inutiles et dangereux tentés par d'autres membres bien intentionnés. Au lieu d'entreprendre de sauver l'infortuné monarque en irritant ses ennemis, il prend, avec Fauchet, la seule voie qui aurait pu lui conserver la vie, si tous ceux qui avaient le même désir eussent eu la sagesse de la suivre. Mais portant ses vues plus loin, il sollicite un acte de clémence pour obtenir une loi générale en faveur de l'humanité toute entière, et tâche de faire servir cette loi pour assurer l'acte de clémence qu'il réclame. L'abolition de la peine de mort qu'on a déjà été prêt de décréter sur ses instances, il la demande de nouveau, et il conclut que Louis XVI soit condamné à vivre. S'il n'a pas réussi, est-ce à lui qu'on doit s'en prendre ».

N°. I I I.

Extrait du procès-verbal de la Convention, séance permanente du mercredi 16 et jeudi 17 janvier 1793, époque fatale de la condamnation, page 260.

Grégoire absent.

« Louis XVI est déjà condamné à mort et Grégoire n'a encore parlé que pour lui conserver la vie ».

N°. I V.

Extrait du procès-verbal de la Convention Nationale du 19 janvier 1793, l'an II de la République.

Un des secrétaires fait lecture des lettres adressées à la Convention.

« Une lettre du 13 janvier des députés Grégoire, Héraut, Jagot et Simon, commissaires de la Convention Nationale au département du Mont-Blanc, exprime leurs vœux pour la condamnation de Louis Capet, par la Convention, sans appel au peuple. La Convention en décrète la mention au procès-verbal.

N°. V.

Extrait du Bulletin de la Convention Nationale du 19 janvier 1793, l'an II.

LETTRE DES COMMISSAIRES DU DÉPARTEMENT DU MONT-BLANC.

Datée de Chambéry, le 14 janvier 1793.

« Nous apprenons par les papiers publics
» que la Convention doit prononcer demain
» sur Louis Capet. Privés de prendre part à vos
» délibérations, mais instruits par une lecture
» réfléchie des pièces imprimées, et par la
» connaissance que chacun de nous avait acquise
» depuis long-tems des trahisons non interrom-
» pues de ce roi parjure, nous croyons que
» c'est un devoir pour tous les députés d'an-
» noncer leurs opinions publiquement et que
» ce serait une lâcheté de profiter de notre éloi
» gnement pour nous soustraire à cette obli-
» gation.

» Nous déclarons donc que notre vœu est
» pour la condamnation de Louis Capet par la
» Convention sans appel au peuple. Nous pro-
» férons ce vœu dans la plus intime convic-
» tion à cette distance des agitations où la

(11)

» vérité se montre sans mélange et dans le voi-
» sinage du tyran Piémontais ».

*Collationne et trouvé conforme à l'original du
procès-verbal, registre A II, N°. 184, et à l'imprime
in-fol. du Bulletin de Correspondance étant aux archives,
par moi, garde des archives. En foi de quoi j'ai signé
et fait apposer le sceau des archives. Paris, le 2 vendem.
an X de la République Française.* Signé Camus.

« L'arrêt fatal était porté depuis deux jours
contre l'infortuné Monarque, lorsqu'on reçut
cette lettre à la Convention. Encore à cette
époque, Grégoire ne voulait pas qu'il fût condamné à mort, puisqu'il ne prononce pas le
mot fatal, et que la seule absence de ce mot
terrible forçait la Convention à compter les
signatures de la lettre au nombre de ceux qui
votaient pour épargner la vie de Louis ; et certes
ce roi malheureux vivrait encore, si deux jours
auparavant la majorité de la Convention eût
voté comme les députés en mission dans le
Mont-Blanc.

Cependant, dites-vous, Grégoire voulait que
Louis XVI fût condamné. Sans doute ; mais
à quoi ? à *l'existence*. C'est sur quoi il s'était
clairement expliqué dès le 15 novembre, en
réitérant de plus le vœu qu'il avait tant de fois
émis pour l'entière abolition de la peine de

mort. L'évêque était d'avis que la Convention condamnât Louis sans appel au peuple. Mais qu'est-ce que condamner ? C'est appliquer la peine prononcée par la loi; or la loi, ou plutôt la Constitution, que prononçait elle, même dans l'hypothèse où le roi aurait introduit les ennemis du dehors dans le cœur de la France ? Elle le condamnait à vivre, puisqu'elle ne prononçait que la déchéance. Grégoire voulait donc que Louis fût condamné à l'existence. J'ajoute que dans ses principes, et d'après les circonstances, il ne pouvait pas désirer autre chose. La déchéance était décidée depuis long-tems, puisque la République existait ; il ne restait donc d'autre peine a prononcer que celle de l'existence, et c'est à quoi Grégoire a toujours conclu.

Il est bon que l'on sache que Héraut, Jagot et Simon avaient minuté une lettre qui contenait ces mots : *condamné à mort*, et que l'évêque de Blois refusa de la signer, jusqu'à ce qu'on en eût écrit une autre où ce mot ne se trouve pas (1). C'était bien prouver, je pense,

---

(1) On doit observer que M. Grégoire n'a pas rédigé cette lettre, qu'il n'était pas seul à la signer, qu'il ne pouvait que se conformer à la majorité, et cependant il ne consentit à signer que lorsque la suppression des mots *à mort* présenta l'énoncé d'un vote qui rentrait dans le sien.

qu'il persistait toujours à vouloir que Louis XVI
fût condamné à vivre.

Que penser de Baruel et d'autres prêtres sem-
blables qui ont fait réimprimer cette lettre, et
en ont multiplié les exemplaires en ajoutant au
mot *condamnation*, ces deux autres mots af-
freux, *à mort.*

N°. VI.

Extrait du Journal des Deux Amis, par
Claude Fauchet, évêque du Calvados,
n°. 5, du samedi 2 février 1793, page 197.

» Je transcrirai pour la consolation de l'hu-
» manité, pour l'honneur de la religion évan-
» gélique, pour la gloire de l'épiscopat fran-
» çais, les noms des évêques placés sur la liste
» de la vie .... Voici ceux de mes collègues
» qui sont aussi mes frères en humanité ....
» Je pense que Grégoire, évêque de Loir-et
» Cher (Blois), doit être compris dans cette
» liste. Son opinion prononcée et imprimée,
» écarte expressément la peine de mort. Il a
» écrit avec les autres commissaires du Mont-
» Blanc, qu'il votait pour que Louis fût jugé
» sans appel par la Convention nationale; mais
» la nature de la peine à infliger n'est point
» marquée dans cette lettre ; et il est de droit
» de compter, surtout à l'égard d'un homme

» vertueux et d'un caractère aussi prononcé que
» celui de ce digne évêque, qu'il aurait tenu dans
» son vœu définitif aux principes qu'il avait
» développés à la tribune. Je n'ai pas besoin
» d'ajouter son nom à cette liste ; il s'y place
» de lui-même ».

On pourrait ajouter ici, 1°. la liste envoyée aux Municipalités par la Convention même, laquelle ne met pas l'évêque de Blois au nombre de ceux qui ont voté la mort de Louis XVI. 2°. Le journal des Jacobins, où l'on voit qu'après le supplice de l'infortuné monarque, Grégoire fut dénoncé à la tribune Jacobite, pour s'être opposé à ce que les forcenés appelaient la vengeance du peuple : mais qu'est-il besoin de rapporter tant de pièces ?

Quoi ! en 1793, les modérés qui avaient tâché de sauver le roi, croyaient avoir été de l'opinion de Grégoire ; les Jacobins lui faisaient un crime de n'avoir pas partagé leur homicide fureur ; la Convention toute entière le comptait au nombre de ceux qui n'avaient pas voté la mort, et aujourd'hui on voudrait l'accuser d'avoir conduit Louis XVI à l'échafaud !

Le fait n'est donc plus douteux ; le sensible et intéressant évêque de Blois n'a pas terni sa gloire par une opinion contraire à ses principes et à son caractère.